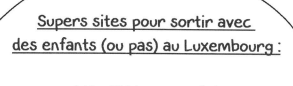

Supers sites pour sortir avec des enfants (ou pas) au Luxembourg :

http://kidscorner.lu/
https://www.spillplaz.lu/
https://www.supermiro.com/

Le début de la faim © 2019

Tous droits réservés à : KIWI E.L.G.
    https://www.kiwi-elg.com

Auteure : Ikuko IKEDA
    http://www.ikukoikeda.com

Dépôt légal au Luxembourg : octobre 2019
    ISBN : 978-2-919783-16-8

Imprimé en Allemagne par : WIRmachenDRUCK
    https://www.wir-machen-druck.de/

Des licences d'utilisation de droits d'auteur
peuvent être obtenues auprès de luxorr sur LORD.LU

Cette oeuvre est disponible en librairie et sur LORD.lu

Naissance

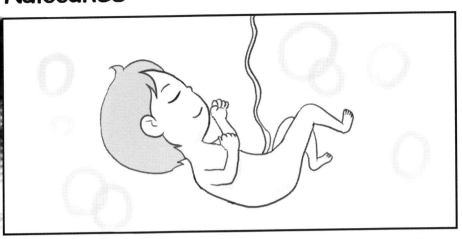

Première tété

Vivre pour manger

Accroché au sein

Présentation

Il est temps que je vous présente un peu les gens qui m'entourent.

Voici mon papa. Il est génial : il s'occupe de moi, il joue avec moi, me fait des câlins, me raconte des histoires et me fait des chatouilles.

Aah, aah !

Voici « Chérie » : c'est papa qui l'appelle comme ça. Elle s'occupe aussi de moi mais, la plupart du temps, elle dort.

Maman stressée

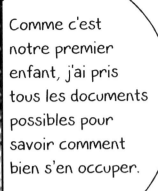

Comme c'est notre premier enfant, j'ai pris tous les documents possibles pour savoir comment bien s'en occuper.

Mais ... tu les as déjà lus quand tu étais enceinte. Tu te mets la pression pour rien.

Bah oui, pas besoin de stresser. Je suis simple moi : il me faut d'abord à manger puis des câlins.

La nuit avec un bébé affamé

Maman manipulée

Premier jouet

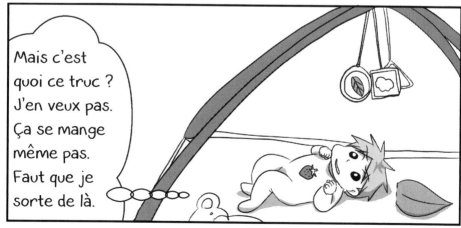

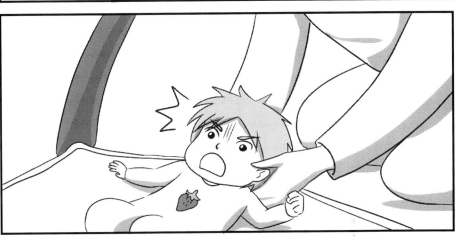

Incompris

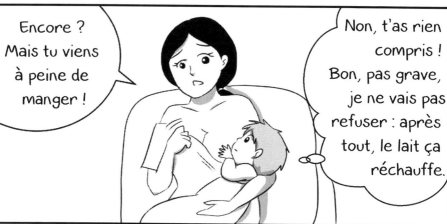

Communication

Visite chez le pédiatre I

Faim de nouvelles choses

Visite chez le pédiatre II

Il mange de plus en plus. Il essaie même de manger ce que nous mangeons.

Manger ! Manger !

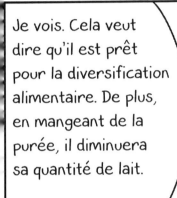

Je vois. Cela veut dire qu'il est prêt pour la diversification alimentaire. De plus, en mangeant de la purée, il diminuera sa quantité de lait.

Là, vous rêvez encore ...

Diversification alimentaire

Tire-lait

Hésitation

Pour une fois, ce n'est pas la faim.

Reprise du travail

Bon, je vais recommencer à travailler. Comme Tony est devenu assez autonome, je pense que je peux recommencer à accepter des projets.

OK. Si tu arrives à gérer, vas-y.

Tant que maman me donne à manger, ça me va aussi.

Premiers pas

Premier mot

Anniversaire ?

Maman a dit que c'était bientôt mon anniversaire. Je me demande ce que c'est un « anniversaire ». Je suis sûr que ça se mange.

Papa, maman, mamie un, mamie deux et papi. Vu le nombre de personnes qui sont ici, c'est forcément quelque chose de très bon.

C'est MON anniversaire et je ne partagerai pas ! Tout ce qui se mange est à moi !

Premier anniversaire

Cadeaux d'anniversaire

Mauvaise éducation I

Mauvaise éducation II

Le frigo

Visite chez le pédiatre III

Tony mange énormément. Il prend encore un peu le lait maternel, puis il prend deux pots de légumes, ceux de 250g, et un autre pot de fruits de 250g aussi. Et encore, je ne vous dis pas ce qu'il mange en dehors des repas.

Euh ... normalement, c'est un petit pot par repas.

Mais il mange tout ! S'il ne mange pas, il a faim !

Une journée ennuyeuse

Au parc de Mondorf-les-Bains

Journée d'intégration

— Bonjour !
— Bonjour !
— Coucou.

— Alors, comment se passe cette journée d'intégration, s'il vous plaît ?

— Eh bien, vous allez jouer avec Tony et le laisser se familiariser avec les lieux. Ensuite, les autres enfants vont venir petit à petit et vous pourrez vous éloigner. On verra sa réaction lorsque vous partirez.

La nourriture retrouvée

Les fruits en forme d'animaux

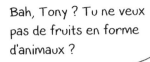

Qui mange le plus ?

Le déjeuner

Bilan d'une première journée

Rentrons à la maison…

Au Salon du livre à LUXEXPO

Un restaurant à volonté

Deuxième anniversaire

L'année dernière on a juste fait un "petit" gâteau. Mais cette fois, comme Tony a deux ans, je pense qu'il sera heureux d'avoir un énorme gâteau.

Oui, avec beaucoup de fruits !

Et n'oublions pas les cadeaux !

La période du "non"

Education positive

À la piscine des thermes de Mondorf

Un bon resto

Mauvaise éducation III

Visite chez le pédiatre IV

Papa ours, maman ours et bébé ours

Vous connaissez tous l'histoire de « Boucle d'Or et les trois ours » ?

Papa ours a un grand bol pour manger, proportionnellement à sa taille.

Maman ours a un bol de taille moyenne.

Et bébé ours, lui, a un petit bol.

Ça, c'est une famille normale.

Telle mère, tel fils.

Tony au Fast Food

Tony apprend à compter

Rencontre au Train 1900

La Schueberfouer

Lieux visités par Tony :

Mondorf-les-bains

Thermes de Mondorf (p 114)
https://www.mondorf.lu/

Les thermes de Mondorf possèdent une partie accessible pour les enfants de tout âge.
L'eau est à 36° et c'est vraiment très agréable.

À Mondorf, il y a un parc où les enfants peuvent jouer.

Parc Am Brill
(p 67)

LUXEXPO

Salon du livre en mars (p 96).

https://thebox.lu/
10, Circuit de la Foire Internationale
L-1347 Luxembourg-Kirchberg

À LUXEXPO, il y a plein d'évènements, comme un salon du livre, des expositions d'art contemporain ou un salon pour les enfants.

Pétange   Train 1900 (p 132)

http://www.train1900.lu/
http://minettpark.lu/

Le Train 1900 est un train touristique accessible depuis la gare de Pétange. C'est vraiment génial de monter dans des trains historiques. J'adore les trains !

En plus, à Fond-de-gras (arrêt du Train 1900), on peut visiter les mines à bord du train minier « Minièresbunn ».

La Schueberfouer (p 134)

http://www.fouer.lu/
Site de la ville : https://www.vdl.lu/

> La Schueberfouer est une grande fête foraine qui existe depuis 1340. Il y a beaucoup d'attractions mais aussi plein de bonnes choses à manger !

Luxembourg Ville

Gromperekichelcher
Galettes de pommes de terre luxembourgeoises

Bonus : les comptines de Tony

Au clair de la lune
Mon ami Pierrot
Apporte-moi des prunes
Ainsi que de l'eau
Donne-moi une compote
Et plein de gâteaux
Ouvre-moi la porte
De ton congélo

Ah vous dirais-je maman
Ce qui cause mon tourment
Papa dit que je consomme
Comme un enfant hors norme
Mais quand je mange avec raison
Mon ventre résonne dans
                 toute la maison

omenons-nous dans les bois
ndant que le loup n'y est pas
le loup y était
n le mangerait
ais comme il n'y est pas
n prendra un panier-repas
up y es-tu ?
ue fais-tu ?
i faim !!!

ndi matin
 roi, sa femme et son petit prince
ont venus chez moi pour me serrer la pince
omme ils sont venus les mains vides
 leur ai dit que c'était stupide
uand on vient déranger
faut apporter à manger

Frère Jacques
Frère Jacques
Dormez-vous
Dormez-vous
Où sont mes tartines ?
Où sont mes tartines ?
J'ai très faim !
J'ai très faim !

Petit Papa Noël
Quand tu descendras du ciel
Avec des jouets par milliers
N'oublie pas mon petit panier
Rempli de gâteaux et de fruits
Sans oublier les brocolis
Parce que les légumes
      c'est important
Pour être en forme
      à chaque instant

Bon, et bien, je vais le faire.

Voici mes livres sortis aux éditions KIWI E.L.G. :

Pour les enfants, à partir de 3 ans :

"Ma maman elle est fantastique !"
Album jeunesse dont les mamans sont les héroïnes.

"Mon papa il est super !"
Album jeunesse dont les papas sont les héros.

"Artbook chibi"
Textes courts et dessins pour enfants.

Pour les plus grands :

"Artbook"
Plein d'illustrations en couleur.